Für

Von

MIX
Papier aus verantwortungsvollen Quellen
FSC® C020056
FSC www.fsc.org

Mineralöl freie Druckfarbe

ISBN 978-3-649-64571-9

Hafenweg 30, 48155 Münster, Germany
Illustrationen: © 2023 Marjolein Bastin
Grafische Gestaltung: Stefanie Bartsch
Redaktion: Inga Biller

www.coppenrath.de

Marjolein Bastin

24 zauberhafte Geschichten

Adventskalenderbuch mit Ausklappseiten

COPPENRATH

Inhaltsverzeichnis

MB

MB

Weihnachten

Markt und Straßen stehn verlassen,
still erleuchtet jedes Haus,
sinnend geh ich durch die Gassen,
alles sieht so festlich aus.

An den Fenstern haben Frauen
buntes Spielzeug fromm geschmückt,
tausend Kindlein stehn und schauen,
sind so wunderstill beglückt.

Und ich wandre aus den Mauern
bis hinaus ins freie Feld,
hehres Glänzen, heil'ges Schauern!
Wie so weit und still die Welt!

Sterne hoch die Kreise schlingen,
aus des Schnees Einsamkeit
steigt's wie wunderbares Singen –
o du gnadenreiche Zeit!

Joseph von Eichendorff

MB

1

Advent

Es ist Vorweihnachtszeit, nur mehr einige Tage hin bis zum Weihnachtsabend. Man merkt es an der Hektik, welche die Luft erfüllt, die Menschen erfasst.
Natürlich hatte ich auch noch einige Einkäufe zu machen, kleine Geschenke für Freunde und Angehörige zu besorgen. Ich eilte durch die Straßen, an ebenfalls in Eile befindlichen Menschen mit Paketen beladen, vorbei. Es ist jedes Jahr das Gleiche.
Die Geschäfte sind bunt und weihnachtlich geschmückt, Weihnachtslieder schallen durch die sich öffnenden Türen der Kaufhäuser und bunte Glaskugeln bewegen sich im Wind. Von den Gesimsen der Kaufhäuser rieseln industriell erzeugte Leuchtketten und gaukeln Weihnachtsstimmung vor. Doch die Menschen sind übersättigt von den Reizen, die ihnen geboten werden, und es will so gar keine Adventsstimmung aufkommen.
Frauen mit kleinen Kindern an der Hand eilen von Schaufenster zu Schaufenster und beachten gar nicht, dass die Kleinen bei dieser oder jener Auslage gerne stehen geblieben wären. Sie zerren die Kinder weiter. Es ist keine Zeit für staunende Kinderaugen.
Dann beginnt es auch noch ein wenig zu schneien. Mich fröstelt es und ich ziehe meinen Schal enger um den Hals. Einige kleine Päckchen baumeln an meiner Hand.
Dem Weihnachtsmann bin ich auch nicht begegnet, und es rieselt auch kein Goldstaub vom Himmel, um die Bäume im Park ein wenig weihnachtlicher aussehen zu lassen. Plötzlich finde ich, für heute genug gekauft zu haben, und entschließe mich, nach Hause zu gehen.
Die Wärme meines Wohnzimmers nimmt mich wohlig auf, und als ich mich dann in meinen Lieblingsstuhl kuschele, mit Genuss den heißen Tee schlürfe und in die kleine brennende flackernde Kerze blicke, kommt doch ein wenig Adventsstimmung auf.
Von irgendwoher dringt ein kleines Weihnachtslied an mein Ohr. Es sind die kleinen Dinge, wie diese kleine Flamme und die einfache Weihnachtsmelodie, die uns zu Herzen gehen. Aus den Augenwinkeln glaube ich auch noch, eine rote Kutsche mit einem Rentier davor über den Wolken vorbeihuschen zu sehen. Doch das muss wohl an der kleinen flackernden Kerze liegen, die bewegliche Schatten an das Fenster wirft.

Joana Angelides

Weihnachtslied

Vom Himmel in die tiefsten Klüfte
ein milder Stern herniederlacht;
vom Tannenwalde steigen Düfte
und hauchen durch die Winterlüfte,
und kerzenhelle wird die Nacht.

Mir ist das Herz so froh erschrocken,
das ist die liebe Weihnachtszeit!
ich höre fernher Kirchenglocken
mich lieblich heimatlich verlocken
in märchenstiller Herrlichkeit.

Ein frommer Zauber hält mich wieder,
anbetend, staunend muss ich stehn;
es sinkt auf meine Augenlider
ein goldner Kindertraum hernieder,
ich fühl's, ein Wunder ist geschehn.

Theodor Storm

2

ein weißes Schneepelzkäppchen aufgesetzt, jeder Stein, jeder Pfahl am Zaun, sogar die alte Pumpe bekam eins. Weil es aber so arg in der Eile ging, kam es wohl vor, dass eins oder das andere eine Mütze bekam, die ihm zu groß oder zu klein war - oder dass sie ihm schief auf dem Kopfe saß. Aber das schadete nichts. Die Hauptsache war, dass niemand vergessen wurde und dass man bald fertig war. Und man war bald fertig. Nun brauchte keine Schneeflocke mehr zu kommen. Nur noch ein paar wurden von der Mutter Wolke hinabgeschickt; die sollten nachsehen, ob die andern ihre Sache gut gemacht hatten. Das hatten sie wirklich, man konnte mit ihnen zufrieden sein. Und nun war wieder alles ganz still im Garten.

Aber dann am andern Morgen - das hättet ihr sehen sollen! Das war ein Erstaunen, ein Jubel und eine Freude, als nach und nach alle aufwachten und die Bescherung sahen. Die Sträucher wagten sich nicht zu rühren, aus Angst, etwas von dem herrlichen Schmuck zu verlieren. Der Rasenplatz war glücklich über die schöne, warme Decke. Die alte Laube aber, die sonst immer als Erste aufgewacht war vor Kälte, die wachte heute zuallerletzt auf, so gut hatte sie in ihrem warmen Kragen geschlafen. Am allermeisten Vergnügen hatten aber doch die Zaunpfähle.

»Dürfen wir diese schönen Kappen nun wohl immer behalten?«, fragten sie. Aber der Morgenwind, der gerade des Weges daherspaziert kam, gab ihnen gleich die gehörige Antwort darauf. »Wo denkt ihr hin«, sagte er, »wartet nur, bis die Sonne kommt, die wird sie euch von den Ohren ziehen; sie mag solche Verwöhnungen nicht leiden.«

Sophie Reinheimer

Der Schnee

Die ersten Schneeflocken waren unten im Garten angelangt. Nichts rührte und regte sich darin, alles schlief. Das war den Schneeflocken gerade recht, denn sie hatten eine große Überraschung vor. Leise wanderten sie zu den schlafenden Sträuchern und zu den Bäumen hin und schmückten sie fein zierlich aus. Kein Zweiglein, auch nicht das allerkleinste, wurde vergessen; es sah aus, als wäre alles in Zucker getaucht. Und wie flink die kleinen Schneeflocken bei ihrer Arbeit waren und wie leise sie sie taten. Es war sehr gut, dass es so viele Schneeflocken waren; denn es gab eine Menge zu tun. Das Dach der Laube sollte einen Mantelkragen bekommen, so wie es sich einen gewünscht hatte. Das war aber gar nicht so leicht; denn die Laube war schon alt und hatte keinen so festen Schlaf mehr. Sie knackste manchmal ganz unheimlich, sodass die Schneeflocken sehr erschraken und schon dachten, die Laube könne aufwachen. Aber sie hatte nur im Traum geknackst, so wie die Menschen manchmal im Traum sprechen.

Am meisten Arbeit aber machte doch die Decke für den großen Rasenplatz. Die guten Schneeflocken gaben ihre eigenen Sternenmäntelchen dazu her - viele, viele tausend davon lagen schon auf dem Rasen. Aber immer noch war die Decke nicht dick und warm genug, und es mussten immer und immer noch Schneeflocken vom Himmel herunterkommen und ihre Mäntelchen obendrauf legen.

Endlich, endlich war die Decke fertig. Es war eine prachtvolle Decke - so frisch und weiß und warm. Nun froren die armen Grashälmchen sicher nicht mehr.

»Ist nun alles fertig?«, fragten die Schneeflocken.

»Ach nein - ach nein«, flüsterte es in allen Ecken und Enden, »wir sind noch lange nicht fertig! Es sind aber auch so entsetzlich viele Kappen, die wir aufzusetzen haben. Helft uns doch, helft uns doch, sonst kommt der Morgen und wir sind noch nicht fertig!« - Nun ging es aber husch, husch an das Austeilen der Kappen. Jedes Ding im Garten, das noch nichts bekommen hatte, bekam

MB

3

Geschenken den Stall erreichten, war es dort kalt und dunkel. Als aber der Hirtenknabe mit seiner kleinen Kerze den Stall betrat, da breiteten sich ein Leuchten und eine Wärme aus, und alle konnten Maria und Josef und das Kind in der Krippe sehen.
So knieten die Hirten vor der Krippe und beteten den Herrn der Welt, das kleine Kind mit Namen Jesus, an. Danach übergaben sie ihre Geschenke. Der Hirtenknabe aber stellte seine Kerze ganz nah an die Krippe, und er konnte deutlich das Leuchten in Marias und Josefs Augen sehn.
»Das kleine Licht ist das allerschönste Geschenk!«, sagten die Hirten leise. Und alle freuten sich an dem schönen Weihnachtslicht, das sogar den armseligen Stall warm und gemütlich machte.
Der Hirtenknabe aber spürte, wie in ihm selbst eine Wärme aufstieg, die ihn immer glücklicher machte. Und wieder musste er weinen. Jetzt weinte er aber, weil er sich so glücklich fühlte.
Bis zum heutigen Tag zünden die Menschen vor Weihnachten Kerzen an, weil sie alle auf Weihnachten warten und ihnen das kleine Licht immer wieder Freude und Geborgenheit schenkt.

Rolf Krenzer

Die Geschichte vom Weihnachtslicht

Als die Engel den Hirten verkündet hatten, dass im Stall von Bethlehem der König der Welt geboren worden war, da suchte jeder nach einem passenden Geschenk, das er dem Kind in der Krippe mitbringen wollte.
»Ich bringe ein Schäfchen mit!«, meinte der eine. »Ich eine Kanne voll frischer Milch«, sagte ein anderer. »Und ich eine warme Decke, damit das Kind nicht friert!«, rief ein Dritter.
Unter den Hirten war aber auch ein Hirtenknabe. Der war bettelarm und hatte nichts, was er dem Kind schenken konnte. Traurig lief er zum Schafstall und suchte in dem winzigen Eckchen, das ihm gehörte, nach etwas, was er vielleicht doch mitbringen konnte. Aber da war nichts, was auch nur den Anschein eines Geschenkes hatte. In seiner Not zündete der Hirtenknabe eine kleine Kerze an und suchte in jeder Ritze und in jeder Ecke. Doch alles Suchen war umsonst. Da setzte er sich endlich mitten auf den Fußboden und war so traurig, dass ihm die Tränen an den Backen herunterliefen. So bemerkte er auch nicht, dass ein anderer Hirte in den Stall gekommen war und vor ihm stehen blieb. Er erschrak richtig, als ihn der Hirte ansprach: »Da bringen wir dem König der Welt alle möglichen Geschenke. Ich glaube aber, dass du das allerschönste Geschenk hast!«
Erstaunt blickte ihn der Hirtenknabe mit verweinten Augen an.
»Ich habe doch gar nichts!«, sagte er leise.
Da lachte der Hirte und meinte: »Schaut euch diesen Knirps an! Da hält er in seiner Hand eine leuchtende Kerze und meint, er habe gar nichts!«
»Soll ich dem Kind vielleicht die kleine Kerze schenken?«, fragte der Hirtenknabe aufgeregt.
»Es gibt nichts Schöneres!«, antwortete der Hirte leise.
Da stand der Hirtenknabe auf, legte seine Hand schützend vor die kleine Flamme und machte sich mit dem Hirten auf den Weg. Als die Hirten mit ihren

MB

4

»Was soll ich anderes sein«, antwortete der Onkel, »wenn ich in einer Welt voll solcher Narren lebe? Fröhliche Weihnachten! Der Henker hole die fröhlichen Weihnachten! [...]«
»Onkel!«, bat der Neffe.
»Neffe«, antwortete der Onkel erbost, »feiere du Weihnachten nach deiner Art und lass es mich nach meiner feiern.«
»Feiern!«, wiederholte Scrooges Neffe. »Aber Sie feiern es ja nicht.«
»Lass mich ungeschoren«, brummte Scrooge. »Mag es dir Nutzen bringen. Es hat dir ja immer schon Nutzen gebracht.«
»Es gibt viele Dinge, die mir hätten nützen können und die ich nicht genutzt habe, das weiß ich«, antwortete der Neffe, »und Weihnachten ist eins davon. Aber ich weiß gewiss, dass ich Weihnachten, abgesehen von der Verehrung, die wir seinem heiligen Namen und Ursprung schuldig sind, immer als eine gute Zeit betrachtet habe, als eine liebe Zeit, als die Zeit der Vergebung und Barmherzigkeit, als die einzige Zeit, die ich in dem ganzen langen Jahreskalender kenne, da die Menschen einträchtig ihre verschlossenen Herzen auftun und die andern Menschen ansehen, als wären sie wirklich Reisegefährten nach dem Grabe und nicht eine ganz andere Art von Geschöpfen, die einen ganz andern Weg gehen. Und daher, Onkel, wenn es mir auch niemals ein Stück Gold oder Silber in die Tasche gebracht hat, daher glaube ich doch, es hat mir Gutes getan, und es wird mir Gutes tun, und ich sage: ›Gott segne das Weihnachtsfest!‹«

Charles Dickens

Eine Weihnachtsgeschichte

Einmal, es war von allen guten Tagen im Jahr der beste, der Christabend, saß der alte Scrooge in seinem Kontor. Draußen war es schneidend kalt und neblig [...].

Die Tür von Scrooges Kontor stand offen, damit er seinen Kommis beaufsichtigen konnte, der in einem erbärmlich feuchten, kleinen Raum, einer Art Burgverlies, Briefe kopierte. Scrooge hatte nur ein sehr kleines Feuer, aber des Dieners Feuer war so viel kleiner, dass es nur wie eine einzige Kohle aussah. Er konnte aber nicht nachlegen, denn Scrooge hatte den Kohlenkasten in seinem Zimmer, und jedes Mal, wenn der Kommis mit der Kohlenschaufel in der Hand hereinkam, meinte sein Herr, es sei wohl nötig, dass sie sich trennten. Worauf der Kommis seinen weißen Schal umband und versuchte, sich an dem Licht zu wärmen, was aber immer fehlschlug, da er ein Mann von nicht sehr starker Einbildungskraft war.

»Fröhliche Weihnachten, Onkel, Gott erhalte Sie!«, rief da eine heitere Stimme. Es war die Stimme von Scrooges Neffen, der so schnell hereingekommen war, dass dieser Gruß das Erste war, was man von ihm bemerkte.

»Pah«, sagte Scrooge, »dummes Zeug!« [...]

»Weihnachten dummes Zeug, Onkel?«, sagte Scrooges Neffe. »Das kann nicht Ihr Ernst sein.«

»Es ist mein Ernst«, sagte Scrooge. »Fröhliche Weihnachten? Was für ein Recht hast du, fröhlich zu sein? Was für einen Grund, fröhlich zu sein? Du bist arm genug.«

»Nun«, antwortete der Neffe heiter, »was für ein Recht haben Sie, grämlich zu sein? Was für einen Grund, mürrisch zu sein? Sie sind reich genug.«

Scrooge, der im Augenblick keine bessere Antwort darauf bereit hatte, sagte noch einmal »Pah!« und brummte hinterher »Dummes Zeug!«.

»Seien Sie nicht böse, Onkel«, sprach der Neffe.

5

Eisnacht

Wie in Seide ein Königskind
schläft die Erde in lauter Schnee,
blauer Mondscheinzauber spinnt
schimmernd über der See.

Aus den Wassern der Raureif steigt,
Büsche und Bäume atmen kaum:
Durch die Nacht, die erschauernd schweigt,
schreitet ein glitzernder Traum.

Clara Müller-Jahnke

Das Märchen vom Schnee

Vor vielen, vielen Jahren hatte der Schnee keine Farbe. Darüber war er sehr unglücklich, und so machte er sich auf, eine Farbe zu suchen. Alsbald kam er auf eine Wiese und bat das Gras um seine grüne Farbe. Aber das Gras lachte den Schnee aus und schickte ihn davon. Da ging der Schnee zum Veilchen und bat es, ihm seine veilchenblaue Farbe zu geben. Aber auch das Veilchen erhörte seine Bitte nicht. So ging der arme Schnee von Blume zu Blume, aber jede schickte ihn weg, keine wollte ihm ihre Farbe geben. Als er schon aufgeben wollte, traf der Schnee das Schneeglöckchen. Dieses hatte Mitleid mit ihm und fragte, wozu er die Farbe denn wolle. »Damit alle mich endlich sehen und vom Regen unterscheiden können«, antwortete der Schnee. Da hatte das Schneeglöcklein ein Einsehen und gab dem Schnee von seiner weißen Farbe.
Seit dieser Zeit macht der Schnee im Winter alles weiß. Die Blumen aber, die ihn verspotteten und abwiesen, lässt er erfrieren, nur das Schneeglöcklein, das verschont er – bis heute.

Volksgut

MB

6

ersten wirklichen Schlittschuhschritte zu machen. Oft stolperte ich oder fiel auf die Knie. Es dauerte nicht lange, bis sie grün und blau waren, nur wollte ich nicht aufgeben, ehe ich nicht wenigstens eine Runde allein über den See fahren konnte. Danach waren meine Füße so kalt, dass ich kaum noch Gefühl in den Zehen hatte. Mein Vater steckte die Füße unter seinen Pullover und wartete, bis sie wieder wärmer wurden. Dazu flößte er mir von dem Kindergrog ein, den meine Mutter ihm eigens für diese kalten Stunden mitgegeben hatte. Er selbst nippte an der anderen Thermoskanne, die bestimmt echten Grog enthielt. Als es dunkel wurde, gingen wir zurück nach Hause. Es roch wunderbar in unserem Haus und ich war unglaublich stolz auf mich – trotz blauer Flecken hatte ich es geschafft und war meine Runde gefahren. So, wie ich es mir vorgenommen hatte.

Ich lege die Schlittschuhe erst weg, nehme sie dann aber doch zusammen mit der Weihnachtskiste mit nach unten. Dort entstaube ich das Leder und suche einen Platz, an den ich sie hängen kann. Neben der Tür finde ich einen Haken und lege eine Lichterkette um die Schuhe. Sie leuchten wunderschön. Ich lächle ihnen zu. Diese Schuhe haben mir die Kraft gegeben, es zu schaffen. Und mein Vater hat an mich geglaubt! Einmal allein über den See – und durchs Leben.

Gitta Edelmann & Regine Kölpin

Auf Schlittschuhen durchs Leben

Endlich hat es mal wieder richtigen Frost gegeben. So viele Jahre ist der Winter an uns vorbeigehuscht, aber jetzt sind alle Seen und Kanäle fest unter einer dicken Eisschicht zugefroren. Es ist lange her, dass ich draußen auf dem Eis gewesen bin, und auch jetzt fehlt mir die Zeit dazu. Weil Weihnachten naht, möchte ich die Kiste mit dem Weihnachtsschmuck vom Dachboden herunterholen, damit das Haus wenigstens am dritten Advent endlich festlich geschmückt ist. Mehr als ein paar Kerzen und Lichterketten sind in meiner Wohnung nicht zu finden, alles andere steht noch hier oben. Langsam arbeite ich mich bis zur Weihnachtskiste vor und will sie gerade zur Luke schieben, als ich stutze. Rechts von mir liegen meine alten Schlittschuhe! Die habe ich als Achtjährige zum Nikolaus bekommen und mir damals vorgenommen, am dritten Advent damit über den See laufen zu können. Schrecklich sehen sie nun aus. Das einstige Weiß ist ergraut, eine dicke Spinne huscht über das Leder und die langen Schnürsenkel sind zerrissen. Wehmütige Erinnerungen kriechen in mir hoch. Ich streiche über einen der Schuhe, dann über die rostige Kufe.

Das Wetter war mir damals hold und es fror in der zweiten Dezemberwoche so sehr, dass mein Vater mit mir am Samstag vor dem dritten Advent zum See ging, damit ich das Eislaufen lernen konnte. Mutter war froh, auf diese Weise das Adventsessen für den nächsten Tag in Ruhe vorbereiten zu können. Ente mit Rotkohl und Klößen sollte es geben, da waren wir im Weg. Also zog ich meinen dicken Pulli an, die selbst gestrickte Mütze – und los. Mein Vater hatte eine Tasche mit heißen Getränken und Keksen dabei. Es dauerte, ehe ich mit den dicken Socken in die dünnen Lederschlittschuhe geschlüpft war, und dann musste ich damit auch noch irgendwie auf den zugefrorenen See kommen. An Vaters Hand bin ich übers Eis gestöckelt und konnte kaum einen Meter gleiten. Schritt für Schritt haben wir uns herangetastet, und welche Freude, als es mir endlich gelang, an seiner Hand die

MB

7

Weihnachten

Liebeläutend zieht durch Kerzenhelle,
mild, wie Wälderduft, die Weihnachtszeit,
und ein schlichtes Glück streut auf die Schwelle
schöne Blumen der Vergangenheit.

Hand schmiegt sich an Hand im engen Kreise,
und das alte Lied von Gott und Christ
bebt durch Seelen und verkündet leise,
dass die kleinste Welt die größte ist.

Joachim Ringelnatz

Weihnachtsfreuden

Am glänzendsten aber sind die Abendstunden, in welchen diese breite Straße von vielen tausend Lichtern aus den Buden von beiden Seiten erleuchtet wird, dass fast eine Tageshelle sich verbreitet, die nur hie und da durch das Gedränge der Menschen sich scheinbar verdunkelt.
Alle Stände wogen fröhlich und laut schwatzend durcheinander. Hier trägt ein bejahrter Bürgersmann sein Kind auf dem Arm und zeigt und erklärt dem laut jubelnden Knaben alle Herrlichkeiten. Eine Mutter erhebt dort die kleine Tochter, dass sie sich in der Nähe die leuchtenden Puppen, deren Hände und Gesichter von Wachs die Natur anmutig nachahmen, näher betrachten könne. Ein Kavalier führt die geschmückte Dame, der Geschäftsmann lässt sich gern von dem Getöse und Gewirr betäuben und vergisst seiner Akten, ja selbst der jüngere und ältere Bettler erfreut sich dieser öffentlichen, allen zugänglichen Maskerade und sieht ohne Neid die ausgelegten Schätze und die Freude und Lust der Kinder, von denen auch die geringsten die Hoffnung haben, dass irgendetwas für sie aus der vollen Schatzkammer in die kleine Stube getragen werde.
So wandeln denn Tausende scherzend mit Plänen zu kaufen, erzählend, lachend, schreiend an den süß duftenden mannigfaltigen Zucker- und Marzipangebäcken vorüber, wo Früchte in reizender Nachahmung, Figuren aller Art, Tiere und Menschen, alles in hellen Farben strahlend, die Lüsternen anlacht.

Ludwig Tieck

8

Wie köstlich war es, wenn Mutter dazwischen in ihrem Zimmer verschwand und wir nicht hineinkommen durften! Wenn sie auf Besorgungen ging, bei denen wir sie nicht begleiten durften und von wo sie mit großen, geheimnisvollen Paketen wieder heimkam! Wie köstlich war es, auf dem Fußboden von Mutters Zimmer dazwischen ein Stückchen Schaumgold zu finden! Wir dachten ganz sicher, die Engel hätten es von ihren Flügeln verloren.

Und dann war plötzlich der Weihnachtsabend da! Geheimnisvoll rauschend wurde der Tannenbaum durch das Haus getragen, mit Herzklopfen lauschten wir, in unserem Kinderzimmer eingeschlossen, wie die Zweige unsere Tür streiften. Von dem Augenblick an war das Wohnzimmer uns für den ganzen Tag verschlossen. Unsere Puppen saßen schon längst festlich gekleidet auf dem Fensterbrett und durften all die Herrlichkeiten früher sehen als wir. Wir lagen auf dem Fußboden und versuchten, durch die Ritzen der Tür irgendeinen Schimmer der Herrlichkeiten zu erspähen.

Ach, und wenn es dann Abend wurde und die verschlossene Tür sich weit auftat, Geheimnisse sich enthüllten und alles voll Glanz und Freude war! Weihnachtsfreude, Kinderseligkeit, so oft geschildert, so oft besungen, wer fände aber doch die rechten Worte, alles das ganz auszusprechen!

Monika Hunnius

Mein Weihnachten

Weihnachten! Welch ein Zauber liegt in diesem Wort! Mir ist es immer, als öffnete sich damit der Blick in den Sternenhimmel, und die Freude funkelte herab, auch in die Dunkelheit trüber Zeiten. Man stellt seine Sorgenlast für eine Weile beiseite und befreit seine Seele, damit sie hell dastehe, frei vom Alltagsstaub, und das Licht aufnimmt und widerstrahlt, Liebe empfängt und Liebe gibt. In wie vielen Herzen, die von der Not des Lebens dunkel geworden sind, strahlt das Licht der Weihnachtsfreude, lehrt sie aufschauen und wieder an das Licht glauben, wie viel Ohren, die sich verschlossen hatten, tun sich auf bei dem Klang der Weihnachtsglocken und horchen auf die frohe Botschaft, die uns allen verkündigt wird. Kommt auch bald wieder der Alltag zu seinem Recht, kommen auch die dunklen Zeiten wieder, erlischt die Freude in manchem Leben ganz, man hat doch immer wieder ins Licht schauen dürfen, man hat den Klang der Weihnachtsglocken gehört, man war doch wieder einmal froh gewesen und hatte Liebe gegeben und empfangen. – Gesegnet sei darum unser liebes Weihnachtsfest! –

Wir lebten in einer kleinen Stadt Estlands, unser Haus lag dicht an der Kirche, und das Glockengeläute an den Festtagen durchtönte es bis in den letzten Winkel; dadurch hatten die Festtage bei uns ein ganz besonderes Gepräge. Auch verstand meine Mutter so wunderbar, Feste zu feiern. Es war so viel Freude in ihr, und die Freude ging wie ein großer Strom voll Leben von ihr aus. Niemals aber empfanden wir das so stark wie in der Weihnachtszeit.

Wie herrlich waren schon die Vorbereitungen! Die ganze Adventszeit war so voller Erwartung; der bunte Adventsstern, der vom ersten Advent an in unserem Zimmer hing, die Advents- und Weihnachtslieder, die wir mit unserer Mutter sangen, und die Geheimnisse, die um uns entstanden! Es war gar kein Alltag mehr, denn jeder Tag war durchrauscht von froher Feststimmung und Erwartung.

MB

9

Christbaum

Hörst auch du die leisen Stimmen
aus den bunten Kerzlein dringen?
Die vergessenen Gebete
aus den Tannenzweiglein singen?

Hörst auch du das schüchternfrohe,
helle Kinderlachen klingen?
Schaust auch du den stillen Engel
mit den reinen, weißen Schwingen?

Schaust auch du dich selber wieder
fern und fremd nur wie im Traume?
Grüßt auch dich mit Märchenaugen
deine Kindheit aus dem Baume?

Ada Christen

Bäume leuchtend

Bäume leuchtend, Bäume blendend,
überall das Süße spendend,
in dem Glanze sich bewegend,
alt und junges Herz erregend.
Solch ein Fest ist uns bescheret,
mancher Gaben Schmuck verehret;
staunend schaun wir auf und nieder,
hin und her und immer wieder.

Aber, Fürst, wenn dir's begegnet
und ein Abend so dich segnet,
dass als Lichter, dass als Flammen
von dir glänzten all zusammen,
alles, was du ausgerichtet,
alle, die sich dir verpflichtet:
Mit erhöhten Geistesblicken
fühltest herrliches Entzücken.

Johann Wolfgang von Goethe

10

Ehepaare miteinander streiten. Autofahrer, die einander beschimpften, bloß weil der eine in dieselbe Parklücke einbiegen wollte wie der andere. Einen Rettungswagen, der einen Kranken abholte. Viele müde Menschen hab ich schon gesehen, durch meine Adventkalenderfensterchen, ein paar zufriedene, ein paar traurige, Menschen wie ... Kurz und gut: Durch die Fensterchen in meinem Adventkalender, der am Schlafzimmerfenster klebt, sehe ich ein kleines Stück von der ganz gewöhnlichen Welt da draußen. Manchmal macht mich das fröhlich, manchmal, ziemlich oft sogar, nachdenklich, je nachdem. Heute früh hab ich durch das Adventkalenderfensterchen einen Mann gesehen ... hat ganz schön geschwankt; ich fürchte, der hat wohl viel zu viel getrunken, letzte Nacht. Vielleicht ist er einsam gewesen, verzagt, verzweifelt – Freundin verloren, den Job, die Wohnung, den Sinn des Lebens aus den Augen verloren ... Was weiß ich!

In meinem Tür-Adventkalender, dem ganz normalen, wie ihr ihn wohl auch zu Hause habt, war ein Engel abgebildet, einer mit weißen Locken und goldenen Flügeln. Herrlich, lieblich, wunderschön. Ein Vorbote vom großen Weihnachtsfest. Seit ich zwei Adventkalender habe, diesen Luxus leiste ich mir, kann ich beides sehen: den Alltag vor meinem Fenster, aber auch die Tannenzweige, die Lichter, die Engel und – in ein paar Tagen schon – das Kind in der Krippe.

Ich gehe jetzt öfters aus dem Haus, den Stern und den Wunderkerzenschein vom Tür-Adventkalender in meinem Herzen. Vielleicht begegnet mir ja gerade heute, draußen auf der Straße, einer, den ich durch das andere Adventsfensterchen schon gesehen habe ...

Walter Müller

Meine zwei Adventkalender

Ich habe heuer, diesen Luxus leiste ich mir, zwei Adventkalender. Der eine ist genauso, wie Adventkalender halt sind – mit einem schönen weihnachtlichen Motiv vornedrauf: einem hell erleuchteten Häuschen am Waldesrand mit viel Schnee und einem Schlitten voller Päckchen davor ... und mit zwei Dutzend, von eins bis vierundzwanzig nummerierten Fensterchen.

Wenn man dann – am jeweiligen Tag natürlich – ein Fensterchen öffnet, findet man einen Schneekristall, eine Wunderkerze oder einen himmlischen Stern. Wie in einem richtigen Adventkalender. Es ist ja auch ein richtiger Adventkalender. Ich hab ihn an meine Wohnungstüre geklebt, innen, eine Handbreit über dem Türgriff. Und jedes Mal, bevor ich am Morgen meine Wohnung verlasse, öffne ich ein Fenster.

Mein zweiter Adventkalender sieht in Wirklichkeit auch wie ein richtiger Adventkalender aus. Genau genommen schaut er dem ersten zum Verwechseln ähnlich. Das gleiche weihnachtliche Bild vorne drauf, mit dem Häuschen, dem Schlitten und dem Schnee. Gleich groß, gleich bunt. Gleich teuer war er auch; aber das nur am Rande. Beim zweiten Adventkalender – macht mir das bloß nicht nach! – hab ich noch vor dem ersten Dezembertag die Rückwand mit den kleinen Bildern hinter den Fensterchen entfernt. Und wenn ich jetzt so ein Adventkalenderfenster öffne, finde ich – nichts! Keinen Schneekristall, keine Wunderkerze und keinen himmlischen Stern. Ich kann durch das Fenster durchschauen, wie durch ein richtiges Fenster. Diesen zweiten Adventkalender hab ich an mein Schlafzimmerfenster geklebt.

Jeden Tag, gleich nach dem Aufwachen, öffne ich einen der vierundzwanzig winzig kleinen Fensterläden und schaue hinaus auf die Straße vor meiner Wohnung. Einmal sah ich, wie gerade der Müllwagen vor unserem Haus stehen blieb und Berge von Müll in sich hineinschluckte. Ich sah auch schon Kinder mit schweren Schultaschen und sehr blassen Gesichtern Richtung Schule laufen.

MB

11

»Ist bloß ein Hänfling«, sagte der Vogelhändler, »gewöhnlicher Vogel, singt nicht, piepst nicht, rührt sich nicht vom Fleck. Kostet nicht viel. Einsfuffzig mit Käfig - aber, und das sage ich ausdrücklich: ohne Garantie. «
»Käfig hab ich selber«, sagte Onkel Poppoff, »was kostet er ohne?«
»Neunzig«, sagte der Mann, und Onkel Poppoff besaß auch bloß neunzig, die er gespart hatte.
Er sagte: »Nehm ich«, und der Mann steckte den Hänfling in den kleinen Käfig, den der Onkel Poppoff in den Händen hielt.
»Ohne Garantie«, rief der Mann ihm nach, »das habe ich gesagt!«
Onkel Poppoff steckte den Käfig unter die Jacke, damit der Vogel nicht fror, und ging nach Hause. Er blieb von Zeit zu Zeit stehen, blies warme Luft in den Käfig, nahm ein paar Sonnenblumenkerne aus der Hosentasche, biss sie auf und legte sie dem Vogel hinein. Zu Hause machte er ein Feuer an, stellte den Vogel auf den Tisch, gab ihm Futter und Wasser, und als der Abend kam, saßen sie beide vor dem Feuer und lauschten, ob die Glockentöne schon über das Feld kamen.
Bald hatte sich der Vogel aufgewärmt, da hüpfte er herum und sang ein bisschen. Die Nacht wurde immer tiefer. Es wurde still in der Stube, das Feuer fiel zusammen. Dann nahm der Onkel Poppoff den Käfig, trug ihn nach draußen, machte die Käfigtür auf und schenkte dem Vogel seinen Wald wieder.
In dieser Nacht träumte Onkel Poppoff von einem Glockenton, der in den Himmel geflogen war und ein Stern wurde.

Janosch

Ein Geschenk für den Vogel

Nicht weit von Bobrek am Rande des großen Waldes steht ein altes, weißes Haus. Vor dem Haus in dem kleinen Garten wachsen Sonnenblumen, denn Sonnenblumen sind wichtig. Zum Beispiel an den Winterabenden! Die Kälte lauert vor den Türen, und die Zeit wird lang. Da sitzt man gemütlich hinter dem Ofen und wartet. Man nimmt einen oder zwei Sonnenblumenkerne zwischen die Zähne, schon vergeht die Zeit schneller und - das ist wichtig - man kann besser denken.

Der Mann, der in dem Hause wohnt - das ist der Onkel Poppoff. Er ist bloß ein einfacher Mann, aber Onkel Poppoff weiß von allem, was es bedeutet. Er versteht die Hasensprache, er kann lesen, was die Maikäfer auf die Baumblätter schreiben, er versteht, was die Raben mit ihren Flügeln an den Himmel kratzen, und kann - was für einen alten Mann nicht einfach ist - die Rotkehlchensprache pfeifen. Kommt durch Zufall einer an dem kleinen, weißen Haus vorbei, kann es sein, dass er jemanden pfeifen hört. Etwa so: »Tirilili tirilili tirililitirila, prülititi prülititi prülita.« - Das ist die Rotkehlchensprache, und der sie pfeift, das ist der Onkel Poppoff.

Bald kam der Winter über das Land, und der Schnee deckte alles zu. Es war genau zu Weihnachten, da ging Onkel Poppoff auf den Vogelmarkt und kaufte einen Vogel. Einen Hänfling.

An diesem Tag war Onkel Poppoff allein. Und weil gerade Markt war im Dorf, zog er seine Handschuhe an, setzte seine Mütze auf und machte sich auf den Weg. Über die Felder, durch den Schnee, in das Dorf und auf den Markt. In jedem Jahr stand an der gleichen Stelle auf dem Markt der Vogelhändler. Onkel Poppoff stand lange vor den Käfigen und schaute hinein. Er schaute den Vögeln ins Gesicht, denn an den Augen konnte er erkennen, welchen Vogel er kaufen wollte.

»Der da! Was ist mit dem da?«, fragte er den Vogelhändler. Da saß in einem kleinen Käfig auf dem Boden ein kümmerlicher, grauer Vogel. Er schaute vor sich hin und bewegte sich nicht. Wie tot.

MB

12

»Vielleicht hast du recht«, pflichtete ich ihr bei, »aber unsere Aufgabe ist es nun mal, gut auszusehen und zu schmecken.«
»Wenn du so weiter meckerst«, lachte ein Butterplätzchen schräg oben von uns, »wird dich keiner mehr vernaschen, weil du nämlich bis dahin sauer geworden bist.«
Wir lachten alle schallend und die Marzipankartoffel wurde ganz dunkelbraun vor Wut. Meine süße Kokosmakrone war aufgewacht und hatte uns eine Weile wortlos zugehört.
»Versteht ihr denn den Sinn dieses Festes überhaupt nicht? Es geht doch nicht darum, wer am besten gelungen ist, die schönste Farbe hat und am leckersten schmeckt. Oder wer den besten Platz im runden Teller hat. Wichtig ist nur, dass wir alle, wie wir hier liegen, Freude bereiten und dazu beitragen, dass es ein gelungenes und frohes Fest wird. Und wenn wir uns bis dahin alle vertragen, werden sich unsere Aromen vermischen und wir alle werden unvergesslich schmecken.«
Es wurde sehr still im bunt gemischten Weihnachtsteller. Die Marzipankartoffel rutschte noch ein bisschen weiter nach unten, aber sie sagte nichts mehr. Die anderen nickten zustimmend.
Ich schaute stolz auf meine kleine Kokosmakrone, denn was sie gerade sagte, ist das beste Rezept, was je geschrieben wurde.

Barbara Pronnet

Der Weihnachtsteller

Als ich zusammen mit meinen gleich aussehenden Kollegen in den bunten Weihnachtsteller gelegt wurde, war mir schnell klar, jetzt heißt es warten und reifen bis zum Fest. Ich roch herrlich nach Butter und Rum und meine Zuckerglasur stand mir besonders gut.

»He«, rief eine dicke Marzipankartoffel neben mir, »mach dich nicht so breit!«

»Du musst reden«, beschwerte sich eine herrlich aussehende Kokosmakrone rechts von mir, »du machst dich doch breit wie ein fetter Christstollen.« Sie lächelte mir freundlich zu und ich strahlte zurück. Was wäre wohl, träumte ich, wenn wir unsere Zutaten zusammenmischten? Es käme bestimmt etwas besonders Süßes heraus. Ich sah mich um. Ein bisschen eng war's schon auf diesem bunten Teller, aber die Farbenpracht und der Geruch waren einmalig. Ich freute mich schon auf den großen Tag. Wenn eine kleine Kinderhand nach mir greifen und mich genussvoll verschlingen würde.

Das ist eben für uns Plätzchen die Krönung. Meine nette Kokosmakrone neben mir war eingeschlafen. Ihr zarter Duft machte mich ganz schwindelig.

»Bist du neu hier?« Ich äugte nach links oben, von wo diese tiefe Stimme kam, und schaute auf den wohl bestgelungenen Gewürzlebkuchen aller Zeiten. Er strotzte nur so vor Korinthen, Rosinen und Schokostückchen.

»Ja, ich bin noch ganz warm«, sagte ich.

»Du siehst sehr appetitlich aus, so rund und saftig«, lobte er mich.

»Danke, aber nichts gegen dich. Du bist fantastisch.« Der Lebkuchen rekelte sich richtig unter meinem Kompliment. »Stimmt, ich bin wirklich gut gelungen. Die Hausherrin probierte ein neues Rezept. Sie hat sich sehr viel Mühe gegeben.«

»Ach papperlapapp«, schimpfte die dicke Marzipankartoffel aufs Neue. »Ihr mit eurem Geschwätz. Spätestens bis zum 2. Weihnachtsfeiertag werdet ihr einfach in volle Bäuche gestopft und keiner wird sich mehr an euer Aussehen erinnern oder an euren Geruch. Ihr seid eingebildete Narren.«

MB

13

Schneeflocken

Wende ich den Kopf nach oben:
Wie die weißen Flocken fliegen,
fühle ich mich selbst gehoben
und im Wirbeltanze wiegen.

Dicht und dichter das Gewimmel;
eine Flocke bin auch ich. –
Wie viel Flocken braucht der Himmel,
eh die Erde langsam sich
weiß umhüllt?

Klabund

Die hohen Tannen atmen

Die hohen Tannen atmen heiser
im Winterschnee, und bauschiger
schmiegt sich sein Glanz um alle Reiser.
Die weißen Wege werden leiser,
die trauten Stuben lauschiger.

Da singt die Uhr, die Kinder zittern:
Im grünen Ofen kracht ein Scheit
und stürzt in lichten Lohgewittern –
– und draußen wächst im Flockenflittern
der weiße Tag zur Ewigkeit.

Rainer Maria Rilke

14

Kein Mensch sieht ihn einfach so. Das beweist gar nichts. Die wichtigsten Dinge bleiben meistens Kindern und Erwachsenen unsichtbar. Die Elfen zum Beispiel, wenn sie auf Mondwiesen tanzen. Trotzdem gibt es sie. All die Wunder zu denken – geschweige denn sie zu sehen –, das vermag nicht der Klügste auf der Welt. Was Du auch siehst, Du siehst nie alles.

Du kannst ein Kaleidoskop aufbrechen und nach den schönen Farbfiguren suchen. Du wirst einige bunte Scherben finden, nichts weiter. Warum? Weil es einen Schleier gibt, der die wahre Welt verhüllt, einen Schleier, den nicht einmal die größte Gewalt auf der Welt zerreißen kann. Nur Glaube und Poesie und Liebe können ihn lüften. Dann werden die Schönheit und Herrlichkeit dahinter auf einmal zu erkennen sein.

»Ist das denn auch wahr?«, magst Du fragen. Virginia, nichts auf der ganzen Welt ist wahrer und nichts beständiger. Der Weihnachtsmann lebt, und er wird ewig leben. Sogar in zehn mal zehntausend Jahren wird er da sein, um Kinder wie Dich und jedes offene Herz mit Freude zu erfüllen.

Frohe Weihnacht, Virginia!

Dein Francis Church

Gibt es einen Weihnachtsmann?

Im Jahr 1897 schrieb die damals achtjährige Virginia O'Hanlon einen Leserbrief an die »New York Sun« mit einer wichtigen Frage:
»Ich bin acht Jahre alt. Einige meiner Freunde sagen, es gibt keinen Weihnachtsmann. Papa sagt, was in der ‚Sun' steht, ist immer wahr. Bitte sagen Sie mir: Gibt es einen Weihnachtsmann?«
Die Sache war dem Chefredakteur der »New York Sun« so wichtig, dass er seinen erfahrenen Kolumnisten Francis P. Church beauftragte, eine Antwort zu entwerfen – für die Titelseite der Zeitung.

»Virginia, Deine kleinen Freunde haben nicht recht. Sie sind angekränkelt vom Skeptizismus eines skeptischen Zeitalters. Sie glauben nur, was sie sehen: Sie glauben, dass es nicht geben kann, was sie mit ihrem kleinen Geist nicht erfassen können. Aller Menschengeist ist klein, Virginia, ob er nun einem Erwachsenen oder einem Kind gehört. Im Weltall verliert er sich wie ein winziges Insekt. Solcher Ameisenverstand reicht nicht aus, die ganze Wahrheit zu erfassen und zu begreifen. Ja, Virginia, es gibt einen Weihnachtsmann.
Es gibt ihn so gewiss wie die Liebe und die Großherzigkeit und die Treue. Und Du weißt ja, dass es all das gibt, und deshalb kann unser Leben schön und heiter sein. Wie dunkel wäre die Welt, wenn es keinen Weihnachtsmann gäbe! Sie wäre so dunkel, als gäbe es keine Virginia. Es gäbe keinen Glauben, keine Poesie – gar nichts, was das Leben erst erträglich machte. Ein Flackerrest an sichtbarem Schönen bliebe übrig.
Aber das ewige Licht der Kindheit, das die Welt erfüllt, müsste verlöschen.
Es gibt einen Weihnachtsmann, sonst könntest Du auch den Märchen nicht glauben. Gewiss, Du könntest Deinen Papa bitten, er solle an Heiligabend Leute ausschicken, den Weihnachtsmann zu fangen. Und keiner von ihnen würde den Weihnachtsmann zu Gesicht bekommen. Aber was würde das schon beweisen?

MB

15

[...] Das Häschen hoppelte traurig zu den anderen Tieren zurück und erzählte ihnen alles, was die Tanne gesagt hatte. Daraufhin schmiedeten die Tiere einen Plan.

Am Heiligen Abend, als es schon dunkel war, trafen alle – eins nach dem anderen – bei der Tanne ein. Sie setzten sich im Kreis zu ihren Füßen und sangen die schönsten Weihnachtslieder. Jetzt fing es sogar an zu schneien und dicke, weiche Flocken legten sich auf das Bäumchen. Der Mond, der sich die ganze Zeit versteckt hatte, kam hervor und der Schnee auf den Zweigen glitzerte wie reines Silber. Auf einmal fielen Tausende von winzig kleinen Sternchen vom Himmel und legten sich sacht auf seine Nadeln und das Licht der Sterne strahlte und glänzte hundertmal stärker als der schönste Weihnachtsbaum mit seinen Kerzen. Das Tännchen dehnte und streckte sich ganz vorsichtig und auf einmal hatte es keine krummen Äste mehr und seine Zweige trugen zarte Spitzen mit zauberhaften moosgrünen Nadeln. Es jubilierte vor Freude über dieses wunderbare Weihnachtsgeschenk.

Die Bäume im Umkreis verneigten sich vor der kleinen Tanne und die Tiere beugten bewegt ihre Knie, denn so etwas Schönes hatten sie noch nie gesehen. Auf einmal verstanden sie, dass gerade dieses Tannenbäumchen vom Christkind auserwählt worden war, um die Tiere des Waldes in der Heiligen Nacht zu erfreuen.

Annemarie Wagner

Das Weihnachtswunder der kleinen Tanne

Es war einmal eine kleine Tanne. Sie stand in einem großen Wald unter vielen schönen Bäumen. Im Frühling und bis zum Herbst war sie lustig und fröhlich. Für jedes Tier hatte sie immer ein offenes Ohr und ein paar aufmunternde Worte parat. Alle liebten sie und liefen gern zu ihr, denn sie konnte wundervolle Geschichten erzählen, sogar die alten Bäume hörten auf zu rauschen und es wurde mucksmäuschenstill im Wald. Aber jedes Jahr Anfang Dezember wurde die kleine, süße Tanne von Tag zu Tag trauriger.

Keiner konnte sie trösten oder ihr helfen. Je näher das Weihnachtsfest kam, umso stiller und apathischer wurde sie. Kein einziges Wort kam über ihre Lippen, nur die zarten Nadeln zitterten leise. In diesem Jahr war es besonders schlimm. Die Tiere des Waldes wurden selber ganz leise. Niemand konnte das Bäumchen zum Reden bringen. Keinem fiel etwas ein. [...] Ein kleines Häschen wollte aber noch nicht aufgeben. Es hüpfte mutig zu der kranken Tanne und redete mit Engelszungen. Nichts half. Doch dann wurde es ihm zu bunt. Es machte Männchen, dadurch wurde es ja größer, legte zusätzlich seine Ohren an und sagte energisch: »Mein Freund, jetzt hör mir mal zu, du hast mir vor einem Jahr das Leben gerettet – als der Jäger mich erschießen wollte. Da hast du mich unter deinen Zweigen versteckt. Und dafür bin ich dir ewig dankbar. Weißt du das noch? Und damit du siehst, dass ich es ernst meine, werde ich so lange hier sitzen, nichts essen und trinken, bis du den Mund aufmachst.«

Zwei volle Tage saß der Mümmelmann dort und wartete. Da konnte auch das Bäumchen nicht mehr schweigen und fing endlich zu reden an. »Mein liebes Häschen, ich hab doch allen Grund, traurig zu sein. Keiner will mich. Jedes Jahr zur Weihnachtszeit gehen die anderen Bäume in die Stadt. Am Heiligen Abend werden sie geschmückt und Kerzen werden auf die Zweige gesteckt und angezündet. Das haben mir die Vögel erzählt. Nur ich darf nicht mit, weil ich noch so klein bin und krumme Äste habe. Da soll man nicht traurig sein.«

MB

16

Der Traum

Ich lag und schlief; da träumte mir
ein wunderschöner Traum:
Es stand auf unserm Tisch vor mir
ein hoher Weihnachtsbaum.

Und bunte Lichter ohne Zahl,
die brannten ringsumher;
die Zweige waren allzumal
von goldnen Äpfeln schwer.

Und Zuckerpuppen hingen dran;
das war mal eine Pracht!
Da gab's, was ich nur wünschen kann
und was mir Freude macht.

Und als ich nach dem Baume sah
und ganz verwundert stand,
nach einem Apfel griff ich da,
und alles, alles schwand.

Da wacht ich auf aus meinem Traum,
und dunkel war's um mich.

Du lieber, schöner Weihnachtsbaum,
sag an, wo find ich dich?

Hoffmann von Fallersleben

Das Christbäumchen

Die Bäume stritten einmal miteinander, wer von ihnen der vornehmste wäre. Da trat die Eiche vor und sagte: »Seht mich an! Ich bin hoch und dick und habe viele Äste und meine Zweige sind reich an Blättern und Früchten.«
»Früchte hast du wohl«, sagte der Pfirsichbaum, »allein es sind nur Früchte für die Schweine; die Menschen mögen nichts davon wissen. Aber ich, ich liefere die rotbackigen Pfirsiche auf die Tafel des Königs.«
»Das hilft nicht viel«, sagte der Apfelbaum, »von deinen Pfirsichen werden nur wenige Leute satt. Auch halten sie sich nur kurze Zeit; dann werden sie faul und niemand kann sie mehr brauchen. Da bin ich ein anderer Baum. Ich trage alle Jahre Körbe voll Äpfel, die brauchen sich nicht zu schämen, wenn sie auf eine vornehme Tafel gesetzt werden. Sie machen auch die Armen satt. Man kann sie den ganzen Winter im Keller aufbewahren oder im Ofen dörren oder Most daraus keltern. Ich bin der nützlichste Baum!«
»Das bildest du dir nur ein«, sagte die Fichte, »aber du irrst dich. Mit meinem Holz baut man die Häuser und heizt man die Öfen. Mich schneidet man zu Brettern und macht Tische, Stühle, Schränke, ja sogar Schiffe daraus. Dazu bin ich im Winter nicht so kahl wie ihr: Ich bin das ganze Jahr hindurch schön grün. Auch habe ich noch einen Vorzug: Wenn es Weihnachten wird, dann kommt das Christkindchen und hängt goldene Nüsse und Äpfel an meine Zweige. Über mich freuen sich die Kinder am allermeisten. Ist das nicht wahr?«
Dem konnten die anderen Bäume nicht widersprechen.

Wilhelm Curtman

MB

17

die rascheln gar so wunderlich,
wenn kleine Finger daran rühren ...
Doch Mutter wehrt auf alle Bitten.
»Nicht fragen, 's ist vom Weihnachtsmann!«
Ein unbestimmter Kuchenduft
liegt wunderlieblich in der Luft.
Die Kinder schnuppern leis herum
und schaun sich an und lachen stumm
und drücken sich am Schlüsselloch
die Nasen platt ...

O sel'ge Zeit,
wenn Liebe sich im Stillen müht
und nicht genug zu tun weiß,
wenn mitten unter Schnee und Eis
die Blume des Erbarmens blüht,

wenn jubelnd sich die Glocken schwingen
und jedem, der es hören will,
die süße Weihnachtsbotschaft bringen.
»Das Christkind kommt, seid froh und still!«

Anna Ritter

Weihnachtszeit

Seit Jahren hat's nicht so geschneit!
Das rieselt, rinnt und häuft sich an,
dass man im Lande weit und breit
nicht Weg noch Steg erkennen kann.
Die Stadt sieht wie ein Märchen aus.
Hat jedes Häuschen, jedes Haus
ein Mützchen auf aus weißem Schnee,
das blitzt und blinkt im Sonnenschein,
als wär's von lauter Edelstein.
Und drinnen gibt's verschlossne Türen!
Ein Zimmer, das das ganze Jahr
genau wie andre Zimmer war,
bekommt ein feierlich Gesicht.
Oft ist's zur Dämmerung, als glitten
verstohlne Schritte hin und her,
man sieht ein heimlich huschend Licht,
als ob das Christkind drinnen wär!
Verschwiegene Päckchen kommen an,

18

Einstellung war die gleiche geblieben, denn sie konnte den Groll gegen die Mutter nicht überwinden. Sie war sich selbst darüber im Klaren und gestand es sich in ihrem Inneren heimlich ein, wie nötig für ihr Wissen und ihre Ausbildung der Aufenthalt in der Pension war, doch hielt sie immer noch an dem Gedanken fest: »Sie hat mich fortgeschickt.«
»Ich werde hierbleiben«, sagte sie; »ich will das Weihnachtsfest mit euch verleben!«
»Das ist famos!«, rief Nellie entzückt. »Ich freue mir furchtbar, dass du nicht fortreisen willst! All unsre Freunde reisen auch nicht, und es ist so schön hier, die Heilige Christ. Alles bekommt eine große Kiste von Haus, mit allen Bescherung und Schokolad und Marzipan. Und die Christabend wird jede Kiste aufgenagelt, und ich helfe auspacken, der einen und der andren.«
»Erhältst du keine Kiste?«, fragte Ilse.
»Du weißt, ich hab kein' Eltern! Wer sollte mich beschenken?«
»Gar nichts bekommst du?« Ilse begriff es nicht.
»Zu Neujahr schenkt mein Onkel für mir Geld; da kaufe ich mir, was ich notwendig habe.«
Ilse sah die Freundin schweigend an. Am Abend aber schrieb sie einen langen Brief nach Hause, in dem sie zuerst ihren Entschluss mitteilte, dass sie die Weihnachtstage mit den Freundinnen feiern wollte. Dann schilderte sie ihrem Vater mit vielen zärtlichen Schmeicheleien ihren Geldmangel, und zuletzt gedachte sie mit warmen Worten Nellies. »Noch eine dringende Bitte habe ich zum Schluss«, fuhr sie in ihrem Brief fort. »Meine Freundin Nellie ist die Einzige in der ganzen Schule, die keine Weihnachtskiste erhalten wird. Sie ist eine Waise und steht ganz allein in der Welt. Ihr Onkel in London lässt sie als Erzieherin ausbilden. Ist das nicht furchtbar traurig? Ach, und die arme Nellie ist noch so jung und immer so fröhlich! Ich kann mir gar nicht denken, dass sie Erzieherin werden soll. Es ist doch schrecklich, wenn man kein liebes Vaterhaus hat! Nun wollte ich Euch recht von Herzen bitten, Ihr möchtet die Geschenke, die Ihr mir zugedacht habt, zwischen mir und meiner Nellie teilen und zwei Kisten daraus machen. Bitte, bitte! Ihr schenkt mir stets so viel, dass ich doch immer noch genug habe, wenn es auch nur die Hälfte ist. Ich würde gewiss keine rechte Freude am Heiligen Abend haben, wenn Nellie gar nichts auszupacken hätte. Ich erhielt Eure Erlaubnis, an den Tanzstunden nach Weihnachten teilnehmen zu dürfen, und Du, liebe Mama, versprachst mir ein neues Kleid dazu. Kaufe mir keins! Mein blaues ist noch sehr gut, und ich komme damit aus. Schenk Nellie dafür etwas, bitte! Mit diesem heißen Wunsch umarmt Euch

Eure dankbare Ilse

Emmy von Rhoden

Die Weihnachtskiste

Weihnachten rückte heran, und fleißig rührten sich alle Hände. Es wurde genäht, gestickt, gezeichnet; Klavierstücke wurden eingeübt, um Eltern und Angehörige liebevoll zu überraschen.

»Was willst du deinen Eltern geben?«, fragte Nellie, die eifrig dabei war, mit viel Talent eine Kreidezeichnung zu vollenden. Sie sollte ein Geschenk für den Onkel in London werden, der sie im Institut ausbilden ließ.

»Ich habe noch nicht darüber nachgedacht«, entgegnete Ilse. »Meinst du, Nellie«, fügte sie nach einigem Nachdenken hinzu, »dass die Blumen, die ich jetzt zeichne, Papa Freude machen würden?«

»Oh, sicher! Aber du musst sehr fleißig sein, mein klein Ilschen, sonst wird das liebe Christfest kommen, und du bist noch lange nicht fertig. – Und was willst du deiner Mutter geben?«, fragte Nellie.

»Meiner Mama?« Ilse dehnte ihre Frage in die Länge. »Ich werde ihr etwas kaufen«, sagte sie dann obenhin.

Nellie war mit dieser Antwort nicht zufrieden. »Kaufen, das macht keine Freude«, tadelte sie. «Warum wollen deine Finger faul sein?«

»Nellie hat recht«, mischte sich Rosi in das Gespräch, die neben Ilse saß und an einer Tischdecke arbeitete. »Deine Mutter wird wenig Freude an einem gekauften Gegenstand haben.«

»Ich bin zu ungeschickt«, gestand Ilse offen.

»Wir werden dir helfen und dir alles gern zeigen«, versprach Rosi. »Du kannst ein kleines Nähkörbchen wie Annemie arbeiten, ich weiß bestimmt, es wird dir gelingen.«

Und es gelang wirklich, sogar weit besser, als Ilse es sich selbst zugetraut hatte. Sie freute sich wie ein Kind, als das Körbchen so wohlgelungen in acht Tagen fix und fertig vor ihr stand.

»Freust du dir sehr auf Weihnachten? Ja?«, fragte Nellie. »Es ist doch schön, die lieben Eltern wiederzusehen.«

Ilse zögerte mit der Antwort. Sie erinnerte sich, wie sie im Sommer ihrem Vater entschieden erklärt hatte, zum Christfest nicht nach Hause kommen zu wollen. Ihre

MB

19

in den Händen ... Da hatte die Mutter ein Einsehen und schob jedem ein paar Kerne und Weinbeeren zu. An ihnen hing schon Weihnachten.
War erst der Teig ausgewalkt, so kam das hohe Fest des Ausstechens und bei Marzipan des Modellierens. Da tat wohl auch der gestrenge Vater mit und machte manchmal einen Spaß dabei. Da lagen sie nun, die Sternlein und Blumen, Hasen und Vögel, die Glocken und Herzen. Und im Marzipanteig wölbten sich Ross und Reiter, Rosen und Tulpen, hoben sich Gockelhähne, Rehfamilien und Schäferinnen. Wie ein süßer Zauberberg roch die Stube. Wurden die Teigreste wieder zusammengewalkt, so stibitzte man immer ein Fetzchen von dem süßen, rohen Teig, und das schmeckte fast noch besser als das Gebäck selbst.
Man blieb länger auf an solchen Abenden, und wenn die ersten Plätzchen heiß und duftend aus dem Rohr kamen, reckte alles die Hälse ...

War ausgebacken, so wurde alles Backwerk in die großen Schachteln getan, die standen im Kammerl auf dem höchsten Kasten und warteten auf die weihnachtliche Erlösung. Sehnsüchtig gingen die Kinderaugen da hinauf und bettelten bei der Mutter. Die ließ sich dann manchmal doch erweichen und spendierte für besondere Bravheit, für außergewöhnlichen Fleiß hin und wieder ein Stückl, nicht ohne zu seufzen: »Ihr Fresssäck, ihr glustigen – was soll denn da für Weihnachten bleibn!« Aber es blieb immer noch genug, um jedes Körbchen bis zum Rand zu füllen, und selig war man dann, wenn man ein Stückl wiedererkannte, das man selbst ausgestochen hatte.

Julius Kreis

Backen

Der Advent hat seinen eigenen Duft. Fast in jeder Wohnung spürt man ein Rüchlein davon; Krippelrinde, Tannenzweige, Wachs und vor allem in den Küchen und Gängen von Mal zu Mal genau vertraute Geschmäcklein nach Weihnachtsgebackenem, nach Zucker und gewürztem Teig, nach Zitronat, Mandeln, Maronen, Arrak ...

In den Bürgerhäusern ist noch aus Urgroßmutters Tagen ein vergilbtes, stockfleckiges Heft da. Die Schrift darin ist mit Liebe und Sorgfalt, mit kleinen biedermeierlichen Schnörkeln gesetzt, alte Maße und Gewichte finden sich: ein »Maßl« Mehl, zehn »Loth« Zucker, ein »Deka« Muskat, ein bisschen umständlich ist alles beschrieben: »Man nehme« ... »alsdann tue man« ... »rühre das Ganze emsig und gut ineinander« ...

Dann wechselt die Schrift: Großmutter hat das Buch fortgeführt, die Mutter hat es ergänzt. Ein Geschlecht von Schriften, ein Geschlecht von Köchinnen. Zwischenhinein haben Kinderfinger, die nun auch längst alt und knorpelig geworden sind, ihr Krikelkrakel gemalt. Für Marzipan, Butterteig, Haselnuss, Zimtsterne, für drei Dutzend guter Weihnachtssachen ist hier der rechte Wegweiser.

Weihnachtsbackwerk muss jenseits der Alltagsküche hergestellt werden. Am späten Nachmittag, am Abend. Herrliche Erinnerung aus der Kinderzeit: Da kam man an einem frostigen Dezembertag rot gefroren, die Schlittschuhe in den klammen Fingern, gegen Abend heim, und aus der geöffneten Wohnungstür roch es nach heißem Kaffee. Die Rohrnudel lag neben der Tasse, die Petroleumlampe blakte schon, aber noch etwas lag in der Luft: Weihnachtsguteln! Dann jagte uns die Mutter mit freundlichem Schelten vom Tisch weg und kam mit Teigschüssel und Nudelbrett, mit Orangeat und Zitronat, mit Haselnüssen und Nusskernen, und da wurde gewalkt und geschlagen, geschnitten und gerieben. Die Mädchen durften dabei die Hand reichen. Wir Kleinen aber sahen mit runden, gierigen Augen auf Rosinen, Nüsse und Zucker, und es kribbelte

20

Der dünne Schnee, der von Norden her weht und sich auf meinem Mantel niederlässt, besteht aus schönen Kristallsternen, nicht aus wattigen, rundlichen Speichen wie neulich, sondern aus dünnen und teilweise durchsichtigen Kristallen. Sie haben einen Durchmesser von ungefähr zwei Millimetern, vollendete kleine Rädchen ohne Felgen, oder besser: mit sechs vollkommenen farnartigen Blättchen, mit einer deutlichen, geraden und schlanken Mittelrippe strahlenförmig vom Zentrum ... Wie ist die Luft, die sie erzeugt, voll Schöpfergeist! Meine Bewunderung wäre nicht größer, wenn wirkliche Sterne herniederfielen und sich auf meinen Mantel setzten. Die Natur ist voller Genie, voller Göttlichkeit, sodass nicht eine Schneeflocke ihrer formenden Hand entkommt. Etwas Göttliches muss sich in ihnen geregt haben, bevor die Kristalle so wuchsen und erstarrten.

Henry David Thoreau

Schnee

Schnee, zärtliches Grüßen
der Engel,
schwebe, sinke –
breit alles in Schweigen
und Vergessenheit!
Gibt es noch Böses,
wo Schnee liegt?
Verhüllt, verfernt er nicht
alles zu Nahe und Harte
mit seiner beschwichtigenden
Weichheit, und dämpft selbst
die Schritte des Lautesten
in leise?
Schnee, zärtliches Grüßen
der Engel,
den Menschen, den Tieren! –
Weißeste Feier
der Abgeschiedenheit.

Francisca Stoecklin

MB

21

Herrlich, wie diese kleinen weißen Wunder namens Schneeflocken so viel Freude bringen können. Ich schaue dem Treiben in der Ferne noch lange zu und lasse meine Gedanken schweifen.
Es dämmert. Der Abend naht und plötzlich sehe ich sie – die ersten dicken Flocken, die vom Himmel fallen. Es werden mehr und mehr. Sie scheinen zu schweben, wiegen sich hin und her; der Wind möchte sie noch nicht hergeben. Immer wieder bläst er, wirbelt sie erneut hinauf, kurz bevor sie sich zu ihren weißen Freunden am Boden gesellen können. Ich erfreue mich an diesem Tanz und lehne mich zurück. Eine Schneeflocke wird an mein Fenster gewirbelt. Ich betrachte sie genau, wie sie dort auf dem Glas plötzlich ganz still wird und einzig ihre natürliche Schönheit auf mich wirken lässt.
Nach und nach ebbt der Sturm ab, die Flocken werden weniger. Tiefe Stille legt sich wieder über das Tal. Ich blicke erstaunt hinaus. Es ist dunkel geworden, doch das Licht des vollen Mondes zeigt mir: Alles ist rein und klar und unberührt. Als hätte am heutigen Tage nie ein Fuß diese zarte weiße Decke berührt. Eine fast schon feierliche Stimmung ergreift mich. Ich nehme eine Kerze und zünde sie an. Sie flackert leicht, bevor auch sie dieselbe Ruhe überkommt, die vor meinem Fenster herrscht.
Welch ein herrlicher Wintertag.

Daniela Vogel

Ein Wintertag

Stille liegt über dem Tal. Es dämmert gerade erst und das Licht des neuen Tages lässt mich den Atem anhalten. Der Winter hat über Nacht Einzug gehalten. Eine dichte Schneedecke glitzert mir entgegen. Die Straße, ein Teppich wie weißer Flaum, rechts und links davon hat jedes Haus seinen Winterhut bekommen, jede Tanne, jeder Busch ist reich beladen – als hätte man schützend eine flauschige weiße Decke über sie ausgebreitet. Ehrfurcht durchflutet mich beim Anblick solcher Schönheit, solcher Perfektion. So unberührt erscheint mir diese Welt vor meinem Fenster fast unwirklich, magisch. Ich lächle.

In der Ferne erregt plötzlich eine Bewegung meine Aufmerksamkeit. Dort auf weitem Feld steht ein Reh. Majestätisch hebt es den Kopf und lauscht, dann senkt es ihn wieder und es scheint, als würde auch das Tier ehrfürchtig den ersten Schnee dieses Winters bewundern.

Kein Geräusch stört dieses Wintermärchen. Die Ruhe ist fast greifbar und so wohltuend, dass ich hinaus auf die Terrasse trete und einfach ... atme. Kalte, klare Luft strömt in meine Lungen, mein Atem bildet eine zarte Wolke vor meinem Gesicht und ich genieße die Stille.

Es ist Tag geworden. Die Sonne hat Zeit für ein kurzes Zwischenspiel. Dort, wo sie hinter einer Wolke hervorblitzen kann, wirkt der Schnee wie glitzernde Kristalle – wunderschön und unbezahlbar.

Kinderlachen lässt mich aufhorchen. In kleinen Gruppen sind sie mit ihren bunten Schlitten unterwegs. Auch sie wollen sich dieses weiße Paradies nicht entgehen lassen und ziehen eifrig immer wieder ihre kleine Last den Hang hinauf. Ihr Juchzen ist fast wie helles Glockenklingen.

Zwei Jungen machen eine Schneeballschlacht. Die weiße Kugel trifft einen der beiden an der Schulter. Das Kind macht einen Satz ... und landet im Schnee. Lachend rappelt es sich wieder auf und der Spaß kann weitergehen.

MB

22

MB

Es wird Weihnachten!

Mein ganzes Haus riecht schon nach braunem Kuchen – versteht sich nach Mutters Rezept –, und ich sitze sozusagen schon seit einer Woche im Scheine des Tannenbaums. Ja, wie ich den Nagel meines Daumens besehe, so ist auch der schon halbwegs vergoldet. Denn ich arbeite jetzt abends nur in Schaumgold, Knittergold und bunten Bonbonpapieren; und während ich Netze schneide und Tannen- und Fichtenäpfel vergolde und die Frauen, das heißt meine Frau und Röschen, Lisbeths Puppe ausputzen, liest Onkel Otto uns die »Klausenburg« von Tieck vor oder gibt hin und wieder eine Probe aus den Bilderbüchern, die Hans und Ernst auf den Teller gelegt werden sollen. Gestern Abend habe ich sogar Mandeln und Zitronat für die Weihnachtskuchen schneiden helfen, auch Kardamom dazu gestoßen und Hirschhornsalz. Den Vormittag war ich stundenlang auf den Bergen in den Wäldern herumgeklettert, um die Tannenäpfel zu suchen. Ja, ihr hättet mich sogar in meinem dicken Wintermantel hoch oben in einer Tannenspitze sehen können.
Jeden Morgen die letzten Tage kommt der Postbote und bringt ein Päckchen oder einen Brief aus der Heimat oder aus der Fremde von Freunden. Die Weihnachtszeit ist doch noch gerade so schön, wie sie in meinen Kinderjahren war.
Wenn nur noch der Schnee kommen wollte; wir wohnen hier so schön einsam zwischen den Bergen, da müsste der Weihnachtsbaum, wenn er erst brennt, prächtig in die Winterlandschaft hinausleuchten.

Theodor Storm an seine Eltern

MB

23

und freut sich über alle,
die fromm und freundlich sind,
denn solche liebt von Herzen
das liebe Himmelskind.

Wird sie auch reich bedenken
mit Lust aufs Allerbest
und wird sie schön beschenken
zum lieben Weihnachtsfest.

Heut schlafen noch die Kinder
und sehn es nur im Traum,
doch morgen tanzen und springen
sie um den Weihnachtsbaum.

Robert Reinick

Die Nacht vor dem Heiligen Abend

Die Nacht vor dem Heiligen Abend,
da liegen die Kinder im Traum;
sie träumen von schönen Sachen
und von dem Weihnachtsbaum.

Und während sie schlafen und träumen,
wird es am Himmel klar,
und durch den Himmel fliegen
drei Engel wunderbar.

Sie tragen ein holdes Kindlein,
das ist der Heil'ge Christ;
es ist so fromm und freundlich,
wie keins auf Erden ist.

Und wie es durch den Himmel
still über die Häuser fliegt,
schaut es in jedes Bettlein,
wo nur ein Kindlein liegt,

MB

24

Weihnachten

Leise weht's durch alle Lande
wie ein Gruß vom Sternenzelt,
schlinget neue Liebesbande
um die ganze weite Welt.

Hell aus jedem Fenster strahlet
wundersam des Christbaums Licht,
und der Freude Schimmer malet
sich auf jedem Angesicht.

O willkommen, Weihnachtsabend,
allen Menschen, groß und klein!
Friedebringend, froh und labend
mögst du allen Herzen sein!

Adelheid Humperdinck-Wette

Du weißt es ja, dass diese Zeit, Weihnachten und Neujahr, die euch allen in solch heller, herrlicher Freudigkeit aufgeht, mich immer aus friedlicher Klause hinauswirft auf ein wogendes, tosendes Meer. Weihnachten! Das sind Festtage, die mir in freundlichem Schimmer lange entgegenleuchten. Ich kann es nicht erwarten – ich bin besser, kindlicher als das ganze Jahr über, keinen finsteren, gehässigen Gedanken nährt die der wahren Himmelsfreude geöffnete Brust; ich bin wieder ein vor Lust jauchzender Knabe. Aus dem bunten vergoldeten Schnitzwerk in den lichten Christbuden lachen mich holde Engelgesichter an und durch das lärmende Gewühl auf den Straßen gehen, wie aus weiter Ferne kommend, heilige Orgelklänge: »Denn es ist uns ein Kind geboren!«

E.T.A. Hoffmann

Christkinds getreuer Knecht

Von grünen Tannen dicht umstellt,
liegt still ein Haus am End der Welt.
Darinnen haust auf seine Art
ein alter Mann mit langem Bart.
Wenn's Winter wird, da gibt's zu tun;
nicht mal am Abend kann er ruhn.
Und wenn's die ersten Flocken schneit,
da schmunzelt er: Bald ist's so weit!
Und eines Abends schwebt ganz sacht
ein Engel durch die dunkle Nacht.

Er schwebt, umglänzt von goldnem Schein,
aufs Häuschen zu und geht hinein.
»He, Alter« – ruft er – »sei bereit!
Dezember ist's und Weihnachtszeit!«
Der Engel aber, dass ihr's wisst,
kein andrer als das Christkind ist.
Ihm dient der Alte treu und recht:
Knecht Ruprecht ist's, des Christkinds Knecht.

Der Alte streicht den langen Bart
und spricht: »Ich bin bereit zur Fahrt!
Längst fertig sind die Sachen all;
der Esel wartet schon im Stall.«
Der gute Graue, dick vom Ruhn,
bekommt nun tüchtig was zu tun.
Schwer die Säcke, bis zum Rand
gefüllt – so geht's ins Menschenland.
Drei Tage drauf klopft's bei euch an.
Du kriegst 'nen Schreck:
der Weihnachtsmann!

Emil Weber

Die Weihnachtsgeschichte

Vor vielen, vielen Jahren lebte in der kleinen Stadt Nazareth ein Zimmermann namens Josef mit seiner Frau Maria.

Eines Tages erschien Maria ein Engel, der sprach zu ihr: »Fürchte dich nicht, Maria. Du wirst Gottes Sohn zur Welt bringen, den sollst du Jesus nennen.«

Als die Zeit der Geburt nah war, machten sich Maria und Josef mit ihrem Esel auf den Weg von Nazareth nach Bethlehem. Denn Kaiser Augustus wollte wissen, wie viele Menschen in seinem Reich lebten. Und dazu musste jeder in seine Geburtsstadt gehen.

Josef war in Bethlehem geboren, und so zog er mit seiner Frau dorthin, um sich in eine Liste eintragen zu lassen.

Der Weg nach Bethlehem war weit. Und für Maria war die Reise sehr anstrengend.

Josef taten die Füße weh von dem langen Marsch.

Am Abend erreichten Maria und Josef endlich die Stadt. Jetzt mussten sie nur noch ein Zimmer für die Nacht finden. Sie gingen von Haus zu Haus und klopften an jede Tür. Doch die Menschen waren sehr unfreundlich zu ihnen.

Niemand wollte sie hineinlassen.

Maria wurde immer trauriger. Sie spürte, dass sie schon bald ihr Kind bekommen würde. Wo sollte sie es zur Welt bringen, wenn sie keine Unterkunft fanden?

Schließlich zeigte ihnen ein Mann einen Stall neben seinem Haus, in dem ein Ochse und ein Esel standen. Dort schlüpften sie unter. Nun hatten sie wenigstens ein Dach über dem Kopf und die Tiere wärmten sie.

In der Nacht gebar Maria ihren Sohn, den sie Jesus nannte. Sie wickelte ihn in Windeln und legte ihn in eine Krippe.

Draußen auf dem Feld bei der Stadt hüteten Hirten ihre Schafe.

Da geschah etwas Sonderbares. Ein Engel erschien und sprach zu ihnen: »Steht auf! Ich verkünde euch eine große Freude. Heute ist in der Stadt Bethlehem Gottes Sohn geboren, der die ganze Welt erlösen wird. Geht hin und ihr werdet ein Kind in einer Krippe finden!«
Und plötzlich war bei dem Engel ein großes himmlisches Heer, das Gott lobte und sprach: »Ehre sei Gott in der Höhe und Friede auf Erden bei den Menschen.«
Die Hirten machten sich sofort auf den Weg.
Als sie in die Stadt kamen, fanden sie Maria und Josef und das Kind. Die Hirten freuten sich sehr, als sie das Kind sahen, und beteten es an.
Dann erzählten sie, was der Engel auf dem Feld zu ihnen gesagt hatte: »Dieses Kind ist ein Geschenk Gottes und ein Zeichen seiner Liebe zu den Menschen. Es wird große Freude in die Welt bringen.«
Maria aber bewahrte alles, was geschehen war, in ihrem Herzen und dachte darüber nach.
Dann kehrten die Hirten wieder zurück auf das Feld zu ihren Schafen. Sie lobten Gott für alles, was sie gehört und gesehen hatten. Denn alles war so, wie der Engel es ihnen gesagt hatte.
In derselben Nacht sahen drei weise Männer im Morgenland einen hellen Stern am Himmel aufgehen. Er sagte ihnen die Geburt eines Königs voraus.
Die drei Könige folgten dem Stern bis nach Bethlehem. Der Stern zog vor ihnen her, bis er über dem Stall, in dem das Kind lag, stehen blieb.
Die drei Könige gingen in den Stall und fanden dort das Kind Jesus. Sie knieten vor ihm nieder, schenkten ihm Gold, Weihrauch und Myrrhe und dankten Gott dafür, dass der Heiland der Welt geboren war.

Nacherzählt von Nicola Dröge

An der Straßenecke

An der Straßenecke, in der Häuser Gedränge,
in der Großstadt wogender Menschenmenge,
inmitten von Wagen, Karren, Karossen
ist heimlich ein Märchenwald entsprossen,
von leisem Glockenklingen durchhallt:
von Weihnachtsbäumen ein Tannenwald.
Da hält ein Wagen, ein Diener steigt aus
und nimmt den größten Baum mit nach Haus.

Ein Mütterchen kommt und prüft und wägt,
bis endlich den rechten sie heimwärts trägt.
Verloren zur Seite ein Stämmchen stand,
das fasste des Werkmanns ruhige Hand.
So sah ich einen Baum nach dem andern
in Schloss und Haus und Hütte wandern,
und schimmernd zog mit jedem Baum
ein duftiger, glänzender Märchentraum. –

Froh schaukelnd auf der Zweige Spitzen,
schneeweiß geflügelte Englein sitzen.
Die einen spielen auf Zinken und Flöten,
die andern blasen die kleinen Trompeten,
die wiegen Puppen, die tragen Konfekt,
die haben Bleisoldaten versteckt,
die schieben Puppentheaterkulissen,
die werfen sich mit goldenen Nüssen,
und ganz zuhöchst, in der Hand einen Kringel,
steht triumphierend ein pausbackiger Schlingel.

Da tönt ein Singen, ein Weihnachtsreigen –
verschwunden sind alle zwischen den Zweigen.
Am Tannenbaum hängt, was in Händen sie trugen.
Ein Jubelschrei schallt; und von unten lugen
mit Äuglein, hell wie Weihnachtslichter,
glückselig lachende Kindergesichter.

Jakob Loewenberg

Weihnacht

Zeit der Weihnacht, immer wieder
rührst du an mein altes Herz,
führst es fromm zurück
in sein frühstes Glück,
kinderheimatwärts.

Sterne leuchten über Städte,
über Dörfer rings im Land.
Heilig still und weiß
liegt die Welt im Kreis
unter Gottes Hand.

Kinder singen vor den Türen:
„Stille Nacht, heilige Nacht!“
Durch die Scheiben bricht
hell ein Strom von Licht,
aller Glanz erwacht.

Und von Turm zu Turm ein Grüßen,
und von Herz zu Herz ein Sinn,
und die Liebe hält
aller Welt
ihre beiden Hände hin.

Gustav Falke

Frohe Weihnachten und ein glückliches neues Jahr!

Es gibt Leute, die dir sagen werden, dass Weihnachten auch nicht mehr das ist, was es einmal war.
Höre nicht auf sie. Es gibt wenige, die alt geworden sind auf dieser Erde, die nicht an jedem beliebigen Tag im Jahr solche Gedanken wachrufen könnten. Aber suche dir doch für deine trostlosen Erinnerungen nicht eben den fröhlichsten der 365 Tage aus.
Rücke lieber deinen Stuhl näher an das flackernde Feuer, fülle dein Glas, stimme ein Lied an und sei dankbar, dass alles nicht noch schlimmer ist. Denke nach über den Segen, der dir reichlich zuteil wurde – und er ist bei keinem gering –, und nicht über vergangenes Missgeschick, das jedem widerfährt. Fülle dein Glas abermals mit fröhlichem Gesicht und zufriedenem Herzen.
Dein Weihnachten soll ein fröhliches und dein neues Jahr ein glückliches sein!

Charles Dickens

Quellen

Joana Angelides, **Advent** © bei der Autorin

Nicola Dröge, **Die Weihnachtsgeschichte** © Coppenrath Verlag GmbH & Co. KG, Münster

Gitta Edelmann & Regine Kölpin, Auf Schlittschuhen durchs Leben, aus: Gitta Edelmann & Regine Kölpin, 24 Wintergeschichten am Kamin. Adventskalenderbuch mit Ausklappseiten © 2020 Coppenrath Verlag GmbH & Co. KG, Münster

Janosch, **Ein Geschenk für den Vogel** © Janosch film & media AG, Berlin

Walter Müller, **Meine zwei Adventkalender**, aus: Engel, Engel scharenweise. Geschichten und Gedichte zum Advent © 2004, S. Fischer Verlag GmbH, Frankfurt am Main

Rolf Krenzer, **Die Geschichte vom Weihnachtslicht**. Aus: Rolf Krenzer, 100 einfache Texte zum Kirchenjahr © Verlag Ernst Kaufmann GmbH, Lahr

Barbara Pronnet, **Der Weihnachtsteller** © bei der Autorin

Daniela Vogel, **Ein Wintertag** © bei der Autorin

Annemarie Wagner, **Das Weihnachtswunder der kleinen Tanne** © bei der Autorin

Wir danken den Autor:innen und Verlagen für die freundliche Abdruckgenehmigung.